《论语》随身学

陈磊 · 混知团队　编著

青岛出版集团 | 青岛出版社

图书在版编目（CIP）数据

知识点有画面·《论语》随身学 / 陈磊·混知团队编著. — 青岛：青岛出版社，2024.1

ISBN 978-7-5736-0140-7

Ⅰ.①知… Ⅱ.①陈… Ⅲ.①儒家②《论语》—青少年读物 Ⅳ.①B222.2-49

中国版本图书馆CIP数据核字(2022)第048637号

ZHISHIDIAN YOU HUAMIAN ·《LUNYU》SUISHEN XUE

书　　名	知识点有画面·《论语》随身学
编　　著	陈磊·混知团队
出版发行	青岛出版社（青岛市崂山区海尔路182号）
本社网址	http://www.qdpub.com
邮购电话	18613853563
策　　划	马克刚　贺　林
责任编辑	金　汶
特约编辑	赵修齐
装帧设计	蒋　晴
印　　刷	苏州市越洋印刷有限公司
出版日期	2024年1月第1版　2024年3月第2次印刷
开　　本	64开（787mm×1092mm）
印　　张	5.25
字　　数	150千
书　　号	ISBN 978-7-5736-0140-7
定　　价	25.00元
上架建议	畅销·国学读物

编校印装质量、盗版监督服务电话 4006532017 0532-68068050

陈磊·混知漫画团队介绍

总策划：陈磊

李翔

李建红
睡神

张琦琦
“抡语”专家

焦旭
蕉太郎

吴钟铭
理性乐观派

林爱珍
火锅爱好者

邹雪
努力减肥女

赵瑞丽
无情洗碗机

季志明
向往自然科学的画师

宋淑宁
直击灵魂的画手

徐雷凤
七宝池中妙晓莲

李可
影视狂热爱好者

江炜
混知第一高度

庞志龙
“耳机依赖症”患者

李欣语
明天一定早睡

本书采用了风格轻松幽默的漫画形式，运用夸张、象征等手法，并加入了一些现代元素，便于读者理解，增强阅读兴趣，特此向亲爱的读者朋友说明。

·目录·

第二单元　孔子的教学日记　045

第一单元

孔子的学习笔记

001

君子不器。

——《论语 · 为政》

孔子说：“君子不能像器皿一样只有单一的用途。”

jūn zǐ bù qì

君子不器。

君子：不能像器皿一样（只有单一的用途）。

器：指锅碗瓢盆这类器皿。

这句话简单来说就是人要多方面发展，别偏科，做个德、智、体、美、劳全面发展的读书人。

002

小子！何莫学夫《诗》？诗，可以兴，可以观，可以群，可以怨。迩之事父，远之事君。多识于鸟、兽、草、木之名。

——《论语·阳货》

孔子说："学生们为什么不学《诗经》呢？《诗经》，可以激发人的感情，可以提高观察力，可以教你与人交往，还可以教你讽刺时政。往近了说，《诗经》可以用来侍奉父母；往远了说，《诗经》可以用来侍奉君主，还可以让人多认识鸟、兽、草、木的名称。"

shī kě yǐ xīng kě yǐ guān
诗，可以兴，可以观，

《诗经》，可以用来激发人的情感，可以用来提高观察力，

兴：激发人的情感。一指托物兴起，《诗经》中即景抒情的写作手法。

观：观察社会。也指观察政治的得失、风俗的盛衰。

kě yǐ qún, kě yǐ yuàn

可以群，可以怨。

可以（教你）与人交往，可以（教你）讽刺时政。

群：与人交际、交往。

怨：讽刺，怨刺。一指讽刺时政。

ěr zhī shì fù yuǎn zhī shì jūn

迩之事父，远之事君。

往近了说|可以侍奉父母，往远了说|可以服侍君主。

迩：近。

duō shí yú niǎo shòu cǎo mù zhī míng

多识于鸟、兽、草、木之名。

认识许多 ┊ 飞禽走兽、花草树木 ┊ 的名称。

003

弟子，入则孝，出则弟，谨而信，泛爱众，而亲仁。行有余力，则以学文。

——《论语·学而》

孔子说：“年轻人，在家要孝顺父母，在外面要尊敬兄长，行为谨慎，言而有信，博爱大众，亲近有仁德的人。做到这些之后还有剩余的精力的话，就去学习文化知识。”

dì zǐ rù zé xiào

弟子，入则孝，

年轻人， 在家 要 孝顺父母，

弟子：有两种含义，一指年轻人，二指学生。这里用的是第一种含义。

入：在家。

chū zé tì　jǐn ér xìn

出则弟，谨而信，

在外　要　尊敬师长，行为谨慎　并且　言而有信，

出：就是出门在外的意思。
弟：同“悌”，敬爱兄长。

谨：行为谨慎。
信：（说话）诚实可信。

fàn ài zhòng ér qīn rén

泛爱众，而亲仁。

广泛地 ┊ 爱 ┊ 众人， 并且 ┊ 亲近 ┊ 有仁德的人。

xíng yǒu yú lì zé yǐ xué wén

行有余力，则以学文。

都做到后还有 剩余的精力， 就用来 学习文化知识。

文：文化。这里指古代的诗、书、礼、乐等文化知识。

这句话是说：学习知识很重要，但是一个人的道德和修养更加重要。

004

温故而知新，

可以为师矣。

——《论语·为政》

孔子说：“温习旧知识，能够获得新体会、新发现，这样的人就可以做老师了。”

wēn gù ér zhī xīn

温故而知新，

温习 | 旧的知识 | 而 | 能获得新体会，

故：指旧的知识。

新：指新的理解、体会。

kě yǐ wéi shī yǐ

可以 为师矣。

（这样的人）就可以 当老师了。

005

学而不思则罔，

思而不学则殆。

——《论语·为政》

初中必背

孔子说：“只学习不思考，就会感到迷茫无知；只思考不学习，就会疑惑不解。”

xué ér bù sī zé wǎng

学而不思则罔，

（只）学习 但是 不思考 就会 迷茫无知，

罔：迷茫无知的样子。一指感到迷茫无所适从。

sī ér bù xué zé dài

思而不学则殆。

(只) 思考 但是 不学习 就会 疑惑不解。

殆：疑惑不解。

学习和思考这两步要同时进行，缺一不可。

006

见贤思齐焉，

见不贤而内自省也。

——《论语·里仁》

孔子说：“看见一个贤德的人就想努力向他看齐。看见一个没有贤德的人，就反思自己有没有同样的问题。”

jiàn xián sī qí yān

见贤思齐焉，

见到贤德的人 ┊ 就想着 ┊ 向他看齐，

贤：贤人，有贤德的人。
齐：向……看齐。

jiàn bù xián ér nèi zì xǐng yě

见不贤 而 内自省也。

见到不贤的人 就 反省自己有没有同样的问题。

省：反省，检查。

要善于学习别人的优点，改掉自己的缺点。

007

知之者不如好之者，
好之者不如乐之者。

——《论语·雍也》

初中
必背

孔子说：“（无论学习什么知识或者技能，）光是懂得它的人，不如喜欢它的人，喜爱它的人又不如乐在其中的人。”

zhī zhī zhě　bù rú　hào zhī zhě

知之者　不如　好之者，

懂得它的人　不如　喜爱它的人，

hào zhī zhě　bù rú　lè zhī zhě

好之者 不如 乐之者。

喜爱它的人 ┆ 不如 ┆ 乐在其中的人。

学习的最好方法，就是在乐趣中学习。

008

学如不及，犹恐失之。

——《论语·泰伯》

孔子说："学习就好像要追赶什么似的，生怕赶不上。就算赶上了，也生怕会丢掉。"

xué rú bù jí

学如不及，

学习 ┊ 就像 ┊（追赶着什么生怕）追不上，

yóu kǒng shī zhī

犹恐失之。

还 ┆ 害怕 ┆ 失去应学的东西。

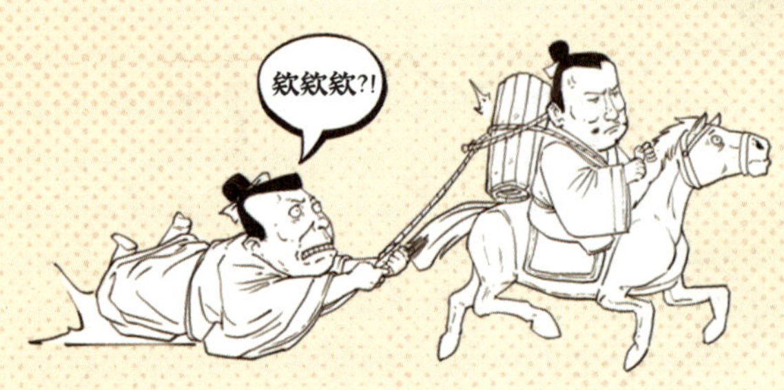

对待学习，要像赶着去吃饭一样，积极进取。

009

譬如为山，未成一篑，止，吾止也！譬如平地，虽覆一篑，进，吾往也！

——《论语 · 子罕》

孔子说：“做事情就像用土堆一座山，还差一筐土就完成了，却停了下来，这是自己半途而废！做事情也像在平地堆山，虽然只倒了第一筐土，但只要不断地进行，这就是在进步！”

pì rú wéi shān wèi chéng yī kuì

譬如为山，未成一篑。

好比 用土堆一座山， 还差一筐土就完成了。

篑：盛土的竹筐。

止，吾止也！

zhǐ wú zhǐ yě

止，吾止也！

但是停了下来，这是我自己半途而废！

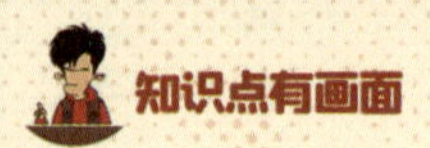

pì rú píng dì　　suī fù yī kuì

譬如平地，虽覆一篑，

好比 平地堆山，虽然 刚刚倒下 第一筐土，

jìn wú wǎng yě
进，吾往也！

有志于前进，这是我自己在进步！

无论做啥都不能半途而废，坚持才是硬道理！

010

性相近也，习相远也。

——《论语·阳货》

孔子说：“人们的本性是相近的，但是后天养成的习惯就相差甚远了。”

xìng xiāng jìn yě, xí xiāng yuǎn yě

性相近也，习相远也。

人们的本性 接近， 后天养成的习惯 相差甚远。

性：人先天的性情。

习：后天养成的习惯。

后天的环境和行为习惯对一个人的影响很大。

011

知者不惑，

仁者不忧，

勇者不惧。

——《论语·子罕》

孔子说：“有智慧的人不疑惑，有仁德的人不忧虑，有勇气的人不畏惧。”

zhì zhě bù huò

知者不惑，

聪明的人 不疑惑，

知：同“智”，指智慧。

rén zhě bù yōu

仁者 不忧，

仁德的人 不忧虑，

忧虑是什么？

仁

忧虑可以吃吗？

yǒng zhě bù jù

勇者 不惧。

勇敢的人 ⋮ 不畏惧。

012

君子博学于文，
约之以礼，
亦可以弗畔矣夫。

——《论语·雍也》

孔子说：“君子广泛地学习历史文化知识，再用礼来约束自己，做事也就不会离经叛道了。”

jūn zǐ　bó xué yú wén

君子 博学于文，

君子 ⋮ 广博地 ⋮ 学习 ⋮ 历史文化知识，

yuē zhī yǐ lǐ

约之以礼，

用礼加以约束，

yì kě yǐ fú pàn yǐ fū

亦可以弗畔矣夫。

也就 可以 不至于 离经叛道了。

弗：不。

畔：同“叛”，离经叛道。

矣夫：语气词，表示强烈的感叹语气。

第二单元

孔子的教学日记

013

有教无类。

——《论语·卫灵公》

孔子说："不管什么人都可以接受教育，没有高低贵贱的区别。"

yǒu jiào wú lèi

有教 无类。

对任何人都可以有所教诲，没有类别的限制。

类：类别，种类。

人无论身份的高低贵贱，都有接受教育的资格。

014

骥不称其力，称其德也。

——《论语·宪问》

孔子说：“千里马值得称赞的不是它的力气，而是它的品德。”

jì bù chēng qí lì
骥 不称其力，

对于千里马 ┊ 不要 ┊ 称赞 ┊ 它的力气，

chēng qí dé yě

称其德也。

而要称赞 ⋮ 它的美德。

人品比能力更重要。

015

君子怀德，小人怀土；
君子怀刑，小人怀惠。

——《论语·里仁》

孔子说：“君子关心的是道德，小人只关心自己的一亩三分地；君子关心的是国家的法令制度，小人只关心自己的利益。”

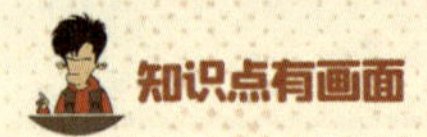

jūn zǐ huái dé xiǎo rén huái tǔ

君子怀德，小人怀土；

君子 | 关心 | 道德素质， 小人 | 关心 | 自己的土地；

土：乡土，也可以解释为土地。

jūn zǐ huái xíng　xiǎo rén huái huì

君子怀刑，小人怀惠。

君子 | 关心 | 法度，小人 | 关心 | 好处。

016

君子上达，小人下达。

——《论语·宪问》

孔子说：“君子通晓高深的道理，小人知道低级的道理。”

jūn zǐ shàng dá, xiǎo rén xià dá

君子上达，小人下达。

君子：通晓高深的道理，小人：知道低级的道理。

君子做人追求的是仁义，小人只知道追求利益。

017

君子义以为上。
君子有勇而无义为乱，
小人有勇而无义为盗。

——《论语 · 阳货》

孔子说：“君子认为仁义是最重要的。如果君子很勇敢，但是没有仁义，就会去作乱造反；小人只有勇气，但没有仁义，就会去做盗贼。”

jūn zǐ yì yǐ wéi shàng
君子 义以为上。

君子 ⋮ 认为仁义 ⋮ 是最可贵的。

jūn zǐ yǒu yǒng ér wú yì wéi luàn

君子 有勇而无义 为乱，

君子 ┊ 只有勇气 ┊ 而 没有仁义 ┊ 就会作乱，

xiǎo rén　yǒu yǒng ér wú yì　wéi dào

小人 有勇而无义 为盗。

小人 ┆ 只有勇气 ┆ 而 没有仁义 ┆ 就会做盗贼。

遇事要多思考这件事是否符合道义，
再决定要不要去做。

018

由，诲女知之乎？

知之为知之，不知为不知，是知也。

——《论语·为政》

孔子说：“由，教你的你都学会了吗？知道就是知道，不知道就是不知道，这才是有智慧。”

zhī zhī wéi zhī zhī
知之为知之，

知道 就是 知道，

bù zhī wéi bù zhī

不知为不知，

不知道 | 就是 | 不知道，

shì　zhì　yě

是知也。

这才是 ┊ 有智慧。

你不是什么都知道吗？

这就是智慧！

神算

知：同“智”，有智慧、聪明的意思。

可千万不能不懂装懂，自欺欺人。

019

君子不以言举人，

不以人废言。

——《论语·卫灵公》

孔子说：“君子不会因为一个人会说漂亮话而举荐他，也不会因为一个人不好而不听他有价值的话。”

jūn zǐ bù yǐ yán jǔ rén

君子 不以言 举人，

君子 ⋮ 不会根据 ⋮ 言辞 ⋮ 而举荐一个人，

bù yǐ rén fèi yán

不以人废言。

也不会因为 一个人不好 而废弃 他有价值的话。

看人不能以偏概全。

020 颜渊问仁。

<u>克己复礼为仁。</u>
一日克己复礼，天下归仁焉。
为仁由己，而由人乎哉？

请问其目。

非礼勿视，非礼勿听，
非礼勿言，非礼勿动。

回虽不敏，请事斯语矣！

——《论语·颜渊》

高中必背

颜渊问孔子什么是“仁”。

孔子回答：“克制自己的私欲，说话做事都约束自己遵守礼，这就是仁。一旦做到这些，天下所有人就会用仁来称赞他。要做一个仁德的人，全靠自己，难道还要靠别人吗？”

颜渊说：“请问具体要怎么去做呢？”

孔子说：“不合乎礼的事情不要看，不合乎礼的事情不要听，不合乎礼的事情不要说，不合乎礼的事情不要做。”

颜渊说：“我虽然不够聪明，但也要按照您的话去做！”

kè jǐ fù lǐ wéi rén

克己复礼为仁，

约束自己 而使行为符合礼的规定 就是仁，

克己：约束自己。
复礼：使言行符合礼的要求。

fēi lǐ wù shì fēi lǐ wù tīng

非礼勿视，非礼勿听。

不合乎礼的事 不要看，不合乎礼的事 不要听。

fēi lǐ wù yán fēi lǐ wù dòng
非礼 勿言，非礼 勿动。

不合乎礼的事 不要说，不合乎礼的事 不要做。

021

贤哉，回也！
一箪食，一瓢饮，在陋巷。人不堪其忧，回也不改其乐。
贤哉，回也！

——《论语·雍也》

初中必背

孔子说：“颜回真是个大贤人啊！一箪饭，一瓢水，住在简陋的地方。这样的忧苦别人受不了，颜回却依然保持着快乐。颜回真是个大贤人啊！”

xián zāi huí yě
贤哉，回也！

是个贤人啊，颜回！

yī dān shí　yī piáo yǐn　zài lòu xiàng

一箪食，一瓢饮，在陋巷。

一箪饭，一瓢水，住在简陋的地方。

箪：古代盛饭的圆形竹器。

rén bù kān qí yōu huí yě bù gǎi qí lè

人不堪其忧，回也不改其乐。

别人 受不了 这样的忧苦，颜回 却不改变 他的快乐。

022

不迁怒，不贰过。

——《论语·雍也》

孔子说：“不会把自己的愤怒发泄到别人身上，犯过的错误也不会犯第二次。”

bù qiān nù bù èr guò
不迁怒，不贰过。

不把愤怒发泄到别人身上，犯过的错不犯第二次。

不迁怒：不把对一个人的怒气发泄到另一个人身上。

贰：重复，一再。

023

人而不仁，如礼何？
人而不仁，如乐何？

——《论语·八佾》

孔子说：“人如果没有仁爱之心，如何对待礼呢？人如果没有仁爱之心，如何对待音乐呢？”

rén ér bù rén rú lǐ hé

人而不仁，如礼何？

如果一个人没有仁爱之心，如何对待礼仪制度呢？

如礼何：怎样对待礼。“如……何”是古代常用句式，意思是“把（对）……怎么样（怎么办）”。

rén ér bù rén rú yuè hé

人而不仁，如乐何？

如果一个人没有仁爱之心，怎样对待音乐呢？

024

过而不改，
是谓过矣。

——《论语·卫灵公》

孔子说：“犯了错却不加以改正，这才是真正的过错呢。”

guò ér bù gǎi shì wèi guò yǐ

过而不改，是谓过矣。

犯错 却 不改正，这才是 过错呢。

过：过错。

谁都会犯错，重要的是犯错之后要勇于承认，然后改正。

君子和而不同，
小人同而不和。

——《论语·子路》

孔子说：“君子之间能和谐地相处，但是不人云亦云，对事物能保持自己的见解。小人之间看起来保持一致，但实际上并不和谐。”

jūn zǐ hé ér bù tóng

君子和而不同，

君子 ⋮ 能和谐相处 ⋮ 但不盲目附和，

和：和谐。此处指能和谐相处，对有区别的部分实现矛盾的统一的意思。

xiǎo rén tóng ér bù hé

小人同而不和。

小人 | 盲目附和 | 但不和谐。

要有包容不同想法的胸怀，学会独立思考，坚持原则。

026

先行其言，而后从之。

——《论语·为政》

孔子说：“对于一件事情，我们要先去做，然后再说出来。”

xiān xíng qí yán ér hòu cóng zhī

先行其言，而后从之。

先实践 要说的话， 然后再把话说出来。

说得天花乱坠，不如行动到位。

孔文子何以谓之“文”也？

敏而好学，不耻下问，是以谓之“文”也。

——《论语·公冶长》

子贡问道：“孔文子为什么谥号为‘文’呢？”

孔子说：“他勤勉好学，不耻于向不如自己的人求教，所以用‘文’做他的谥号。”

mǐn ér hào xué bù chǐ xià wèn

敏而好学，不耻下问。

勤勉 并且 好学，不以 向下请教为耻。

敏：勤勉。

耻：以……为耻。

028

有一言而可以终身行之者乎？

其“恕”乎！

己所不欲，勿施于人。

——《论语·卫灵公》 高中必背

子贡问：“有没有一个字是可以终身奉行的呢？”

孔子回答：“大概是‘恕’吧！自己不想要的，也不要强加给别人。”

jǐ suǒ bù yù wù shī yú rén

己所不欲，勿施于人。

自己 不喜欢的，不要 强加 给别人。

做事的时候要将心比心。

029

君子欲讷于言，

而敏于行。

——《论语·里仁》

孔子说：“君子说话应该谨慎小心，但是行动要敏捷。”

jūn zǐ　yù nè yú yán　ér　mǐn yú xíng

君子 欲讷于言，而 敏于行。

君子　言语上要谨慎，　但　行动上要敏捷。

讷：言语迟钝，这里指说话要谨慎。　　敏：敏捷。

说话的时候，要考虑到这句话可能引起的后果。

030 宰予昼寝。

<u>朽木不可雕也，</u>
<u>粪土之墙不可杇也，</u>
于予与何诛？

<u>始吾于人也，听其言而信其行；</u>
<u>今吾于人也，听其言而观其行。</u>
于予与改是。

——《论语》：公冶长篇 经典名句

宰予在大白天睡觉。

孔子说：“腐烂了的木头经不起雕刻，用粪土砌的墙没办法粉刷；对于宰予，有什么可责备的呢？”

孔子又说：“最初，我看待别人，听了他的话就相信他的所作所为；现在呢，我看待别人，听完了他说的话还要去考察他的行为。由于宰予，我改变了态度。”

xiǔ mù bù kě diāo yě

朽木不可雕也，

腐烂的木头 不能雕刻，

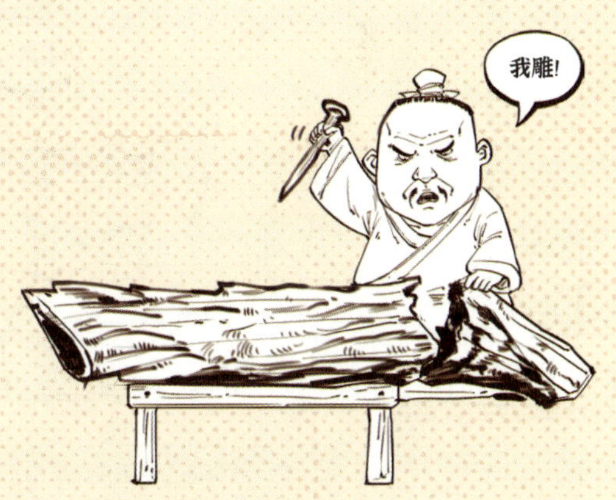

fèn tǔ zhī qiáng bù kě wū yě

粪土之墙 不可杇也，

用粪土砌成的墙 没办法粉刷，

杇：建筑施工时用来抹墙的工具。这里用作动词，指抹平、粉刷。

shǐ	wú	yú	rén	yě
始	吾	于	人	也，
一开始	我		看待别人，	

tīng qí yán　ér xìn qí xíng

听其言　而信其行；

听了他的话 ┊ 就相信 ┊ 他的行为；

jīn wú yú rén yě

今吾于人也，

现在 我 看待别人，

tīng qí yán　ér guān qí xíng

听其言　而观其行。

听了他的话　还要考察　他的行为。

031

以约失之者，鲜矣！

——《论语 · 里仁》

孔子说："一个人因为约束自己而犯错，这种事情是很少见的！"

yǐ yuē shī zhī zhě xiǎn yǐ

以约 失之者，鲜矣！

因为约束自己 反而做错了事， 这种事很少见！

只有约束自己，才能少犯错。

032

博学而笃志，

切问而近思，

仁在其中矣。

——《论语·子张》

初中必背

子夏说：“广泛地学习并且坚定自己的意志，诚恳地向别人提问并且深刻地思考问题，仁就在这些事情中了。”

bó xué ér dǔ zhì

博学 而 笃志，

广泛地学习 | 并 | 坚定自己的意志，

博：广泛。

笃：表示意志坚定。

qiè wèn ér jìn sī

切问而近思，

恳切地提问 并 深刻思考眼前的问题，

切：恳切。

近思：多考虑当前的事。

rén zài qí zhōng yǐ

仁在其中矣。

仁 就在 这当中了。

033

女为君子儒，

无为小人儒。

——《论语·雍也》

孔子对子夏说：“你要做个君子一样的读书人，不要做小人一样的读书人。”

rǔ wéi jūn zǐ rú wú wéi xiǎo rén rú

女为君子儒，无为小人儒。

你要做像君子一样的读书人，不要做像小人一样的读书人。

034

贤贤易色，
事父母，能竭其力，
事君，能致其身，
与朋友交，言而有信；
虽曰未学，吾必谓之学矣。

——《论语·学而》

小学必背

子夏说：“要看重实际的德行，轻视表面的姿态，照顾父母能尽心尽力，为君王做事能够奉献自身，和朋友交往能说话算数。这种人，即便说自己没有学习过，我也一定说他学习过了。”

xián xián yì sè

贤贤 易色，

注重 实际的德行 轻视 表面的姿态，

贤贤：前一个“贤”是动词，后一个是名词。这里的意思是以贤德为贤，看重德行。

易：轻视。

shì fù mǔ néng jié qí lì

事父母，能竭其力，

侍奉 ┊ 父母， 能竭心尽力，

shì jūn néng zhì qí shēn

事君，能致其身，

服侍 君主， 能奉献自身，

致：给予，献出。

yǔ péng yǒu jiāo　　yán ér yǒu xìn

与朋友交，言而有信。

与朋友　交往，　说话　诚实有信用。

035

无欲速，无见小利。

欲速则不达，

见小利则大事不成。

——《论语·子路》

经典名句

孔子说：“不要贪图快，不要贪图小的利益。急于求成的话，反而达不到自己的目的；贪图小利，就办不成大事。”

yù sù　zé bù dá

欲速　则不达，

图快　反而不能达到目的，

一秒读完。

jiàn xiǎo lì　zé dà shì bù chéng

见小利　则大事不成。

只看见小的利益　就办不成大事。

人能弘道，非道弘人。

——《论语 · 卫灵公》

孔子说：“人能够把道发扬光大，而不是用道来装饰自己，让自己看起来更厉害。”

rén néng hóng dào, fēi dào hóng rén.

人能弘道，非道弘人。

人 能把道发扬光大，而不是用大道来弘扬人。

弘：宏大。

道：仁道，真理。

037 子之武城，闻弦歌之声。

割鸡焉用牛刀？

昔者偃也闻诸夫子曰：“君子学道则爱人，小人学道则易使也。”

二三子！偃之言是也。前言戏之耳！

——《论语·阳货》

经典名句

孔子到了武城，听到弹琴唱歌的声音。孔子微笑着说：“杀鸡哪里用得上宰牛的大刀呢？”

子游回答：“以前我听老师说过，‘君子学习了礼乐之道就会懂得爱人；小人学习了礼乐之道就容易听使唤’。”

孔子说：“同学们！偃说得对。我之前说的话不过是在开玩笑罢了！”

gē jī yān yòng niú dāo
割鸡 焉用牛刀？

杀鸡 ┊ 何必用宰牛刀？

不要大材小用。

jūn zǐ xué dào zé ài rén

君子学道 则爱人，

君子 | 学习了礼乐之道 | 就会有 | 仁爱之心，

xiǎo rén xué dào zé yì shǐ yě

小人学道 则易使也。

老百姓 ⋮ 学习了礼乐之道 ⋮ 就会 ⋮ 容易听使唤。

小人：这里的小人是指老百姓。

038

士而怀居，

不足以为士矣！

——《论语·宪问》

孔子说：“读书人如果留恋安逸的生活，就不配当一个读书人了。”

shì　ér huái jū

士而怀居，

读书人　如果　留恋安逸的生活，

怀：思念，留恋。

居：家居。

bù zú yǐ wéi shì yǐ

不足以为士矣！

就不配 ⋮ 当读书人了！

吾日三省吾身：
为人谋而不忠乎？
与朋友交而不信乎？
传不习乎？

——《论语·学而》

曾子说："我每天反省自己好几次，我替别人谋事有没有尽力呢？我与朋友交往有没有做到诚实相待呢？老师教过我的知识，我有没有复习呢？"

wú rì sān xǐng wú shēn

吾日 三省吾身：

我每天 ⋮ 多次 ⋮ 反省 ⋮ 自己：

三省：多次反省。

wèi rén móu ér bù zhōng hū

为人谋 而不忠乎？

（我）为别人 谋划事情 是否尽心竭力呢？

yǔ péng yǒu jiāo　ér bù xìn hū

与朋友交　而不信乎？

（我）和朋友交往　是否诚实守信呢？

chuán 传 bù 不 xí 习 hū 乎？

老师教的知识 ┆ （我）是否复习了呢？

传：老师讲授的功课。

我们可以通过反省来提升自己。

040

士不可以不弘毅，
任重而道远。
仁以为己任，不亦重乎？
死而后已，不亦远乎？

——《论语·泰伯》

曾子说：“读书人不可以不意志坚强，因为他责任重大，需要走很长的路。把仁德作为自己的责任，这样的担子不也很沉重吗？直到死去才停下脚步，这样的路途不也很遥远吗？”

shì bù kě yǐ bù hóng yì

士 不可以 不弘毅，

读书人 ┊ 不可以 ┊ 志向不远大、意志不坚强。

rèn zhòng ér dào yuǎn

任重而道远。

因为他责任重大，而且路途遥远。

rén yǐ wéi jǐ rèn bù yì zhòng hū

仁以为己任，不亦重乎？

把仁德 作为自己的责任， 不是担子很重大吗？

sǐ ér hòu yǐ bù yì yuǎn hū

死而后已，不亦远乎？

至死 才停止， 不是路途遥远吗？

可以托六尺之孤，
可以寄百里之命，
临大节而不可夺也，
君子人与？君子人也。

——《论语·泰伯》

曾子说：“可以把幼小的孤儿和国家的政令都托付给他，面临生死存亡的紧要关头，也不会意志动摇，这种人是君子吗？这种人就是君子。”

kě yǐ tuō liù chǐ zhī gū

可以 托六尺之孤，

可以 托付 幼小的孤儿，

kě yǐ jì bǎi lǐ zhī mìng

可以 寄百里之命，

可以 寄托 国家的政令，

六尺之孤：古人以七尺指成年，六尺即未成年人。
百里：方圆百里之地。此处指诸侯国。

lín dà jié ér bù kě duó yě

临大节 而不可夺也，

面临重大事情 ⋮ 却 ⋮ 不会动摇志向，

jūn zǐ rén yú　jūn zǐ rén yě

君子人与？君子人也。

这种人是君子吗？　这种人是君子。

与：同“欤”，表疑问的语气词。

042

不愤不启，不悱不发；举一隅不以三隅反，则不复也。

——《论语·述而》

孔子说：“教导学生，不到他努力想搞明白但是想不明白的时候，不去开导他；不到他想说出来却说不出的时候，不去启发他；给他指出一个方面，如果他不能由此推知其他三个方面，就不再教导他了。”

bù fèn bù qǐ

不愤 不启，

不到心中渴望通达而自己不能实现的情况 不去开导他，

愤：憋闷，心中渴望通达而不能实现。

bù fěi bù fā

不悱 不发；

不到他想说却说不出来的时候，不去启发他；

悱：想说却不能恰当地说出来。　　发：启发。

jǔ yī yú bù yǐ sān yú fǎn

举一隅 不以三隅反，

告诉他一个方面 如果他不能由此推知其他三个方面，

隅：方。这里指某方面知识。

zé bù fù yě

则不复也。

就 ⋮ 不再教导他了。

作为老师，会引导学生主动思考很重要。

043

中人以上，可以语上也；
中人以下，不可以语上也。

——《论语·雍也》

孔子说：“才智水平在中等以上的人，可以给他讲授高深的学问；才智水平在中等以下的人，不可以给他讲授高深的学问。”

zhōng rén yǐ shàng kě yǐ yù shàng yě

中人以上，可以语上也；

中等智力以上的人，可以告诉他高深的学问；

语：告诉，讲说，谈论。

zhōng rén yǐ xià bù kě yǐ yù shàng yě

中人以下，不可以语上也。

中等智力以下的人，不可以告诉他高深的学问。

要因材施教，对不同的学生，
要有不同的教育方法。

044

质胜文则野，
文胜质则史，
文质彬彬，然后君子。

——《论语·雍也》

孔子说：“质朴多于文采，人就未免会显得粗俗；文采多于朴实，又未免会显得浮夸。文采和质朴配合得当，这样才可以成为君子。”

zhì shèng wén zé yě

质胜文 则野，

质朴 胜于 文采 就会粗俗，

野：粗野，粗俗。

wén shèng zhì zé shǐ

文胜质则史，

文采 超过 质朴　就会虚浮，

史：虚浮不实。

wén zhì bīn bīn　rán hòu jūn zǐ

文质彬彬，然后君子。

文采与质朴搭配得当，这样才可以成为君子。

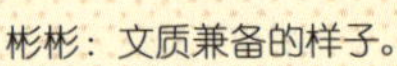

彬彬：文质兼备的样子。

第三单元

跟着孔子学做人

045

天下有道则见，
无道则隐。

——《论语 · 泰伯》

孔子说：“天下太平的时候就出来工作；天下不太平的时候就隐居起来。”

tiān xià yǒu dào zé xiàn

天下有道 则见，

天下政治清明时　就出来做官，

见："现"的古体字。

wú dào zé yǐn

无道 则隐。

政治混乱时 就隐居起来。

为人处世要进退有度。

046

君子泰而不骄，

小人骄而不泰。

——《论语 · 子路》

孔子说：“君子能做到泰然自若，却不傲慢自大；小人傲慢自大，却做不到泰然自若。”

jūn zǐ tài ér bù jiāo

君子泰而不骄，

君子 | 安详坦然 | 但是 | 不骄傲自大，

xiǎo rén jiāo ér bù tài

小人骄而不泰。

小人 ⋮ 骄傲自大 ⋮ 但是 ⋮ 不安详坦然。

好的心态非常重要，有安定祥和的心态，才能在为人处世时泰然自若。

047

子生三年，

然后免于父母之怀。

——《论语·阳货》

孔子说：“孩子生下来三年，然后才能完全离开父母的怀抱。”

zǐ shēng sān nián

子生三年，

孩子 | 生下来 | 三年，

rán hòu miǎn yú fù mǔ zhī huái

然后免于父母之怀。

然后才能 | 离开 | 父母的怀抱。

第一年

第二年

第三年

孝顺父母，是对父母最真诚的回报。

048

父母唯其疾之忧。

——《论语 · 为政》

孔子说："父母唯一要担心的，就是孩子会生病。"

fù mǔ　wéi qí jí　zhī yōu

父母 唯其疾 之忧。

父母 ┊ 只为孩子的疾病 ┊ 担心。

照顾好自己的身体，
就是孝顺父母最直接的方式。

049

父母在，不远游，游必有方。

——《论语·里仁》

孔子说：“父母还健在的时候，做子女的不要远游外地，如果一定要出远门，一定要让父母知道你去哪里。”

fù mǔ zài，bù yuǎn yóu，

父母在，不远游，

父母　健在时，　不去远方游历，

yóu　　bì yǒu fāng

游　必有方。

如果出远门　必须要有　去向。

方：去向。

尽量做到不让父母为我们担心，也是孝顺。

050

色难。
有事，弟子服其劳；
有酒食，先生馔。
曾是以为孝乎？

——《论语·为政》

孔子说：“子女对父母保持和颜悦色最难。遇到事情，年轻人替长辈去做；有好吃的、好喝的，就让给长辈去享用，难道只做到这些就可以被认为是孝顺了吗？”

色难。

sè nán

（在父母前）保持敬爱和悦 | 最难。

yǒu shì　dì zǐ fú qí láo

有事，弟子服其劳；

遇见事情，年轻人替长辈去做；

弟子：指年轻人。

yǒu jiǔ shí　xiān shēng zhuàn

有酒食，先生馔。

遇有酒菜，让给长辈享用。

zēng shì　yǐ wéi　xiào hū

曾是 以为 孝乎？

难道 仅是这样 就可以被认为是 孝顺了吗？

先生：年长者。
馔：吃喝。

051

今之孝者，是谓能养。至于犬马，皆能有养；不敬，何以别乎？

——《论语·为政》

孔子说："现在所谓的孝顺，就是能够养活爹娘就行了。狗和马都能够被人养活；如果子女对待爹娘不恭敬，那养活爹娘和养活狗、马有什么区别呢？"

jīn zhī xiào zhě, shì wèi néng yǎng

今之孝者，是谓能养。

现在所谓的孝顺，就是说能养活父母。

zhì yú quǎn mǎ, jiē néng yǒu yǎng

至于犬马，皆能有养；

说到 狗、马这些动物， 都能 （被人）饲养；

bù jìng hé yǐ bié hū

不敬，何以别乎？

如果子女对父母不恭敬，怎么 来 区分孝顺与饲养呢？

子女不仅要照顾好父母的身体，
还要对父母心存尊敬。

052

富而可求也，
虽执鞭之士，吾亦为之。
如不可求，从吾所好。

——《论语·述而》

孔子说：“如果财富能够通过合理的方式求得，即使是做执鞭这样最低等的差役，我也愿意。如果不能合理求到财富，那还是去做自己想做的事情吧。”

fù	ér	kě	qiú	yě
富	而	可	求	也，
财富	如果	能	合理获得，	

而：如果。

suī zhí biān zhī shì， wú yì wéi zhī

虽执鞭之士，吾亦为之。

即使：做执鞭这样最低等的官吏，我也：愿意去做。

执鞭之士：地位低下的官吏，手执皮鞭为天子、诸侯开路的人。

rú bù kě qiú cóng wú suǒ hào

如不可求，从吾所好。

如果┊不能合理获得（财富），就去做┊我所喜欢的事吧。

君子爱财，取之有道，不管赚钱的方法是什么，都要合法合规。

053

贫而无谄，富而无骄，何如？

可也。

未若贫而乐，富而好礼者也。

——《论语·学而》

子贡说：“虽然贫穷，但不会去巴结、奉承别人，虽然富有，但不会因此骄傲自大，这种人怎么样呢？”

孔子回答：“好是好。但还是比不上贫穷的时候保持快乐，富有的时候谦逊、崇尚礼节的人。”

pín ér wú chǎn fù ér wú jiāo

贫而无谄，富而无骄，

贫穷 但不谄媚，富有 但不骄傲，

hé rú

何如？

这种人怎么样呢？

wèi ruò pín ér lè
未若贫而乐，
不如 | 贫穷 | 却能快乐，

fù ér hào lǐ zhě yě
富而好礼者也。
富有 | 却谦逊尚礼 | 的人。

君子周急不继富。

——《论语·雍也》

孔子说："君子会去做雪中送炭的事，而不会去做锦上添花的事。"

jūn zǐ zhōu jí　bù jì fù

君子周急　不继富。

君子救济有紧急需求的人，而不是让富人更富。

周急：周济急需的人。　　继富：使富上加富。

要帮助真正有需要的人。

055

君子之于天下也，
无适也，无莫也，
义之与比。

——《论语·里仁》

孔子说：“君子对于天下的事情，没有什么一定要做，也没有什么一定不能做，怎么合理就怎么来。”

jūn zǐ zhī yú tiān xià yě

君子之于天下也，

君子 | 对于天下的事，

wú shì yě wú mò yě

无适也，无莫也，

没有规定必须怎样做，也没有规定一定不能怎样做，

yì zhī yǔ bǐ

义之与比。

只要合理就行。

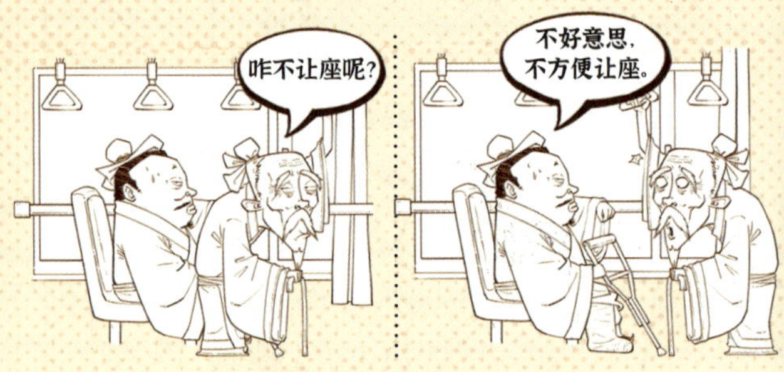

适：可以。

莫：不可。

056

如有博施于民而能济众，何如？可谓仁乎？

何事于仁，必也圣乎！尧、舜其犹病诸！夫仁者，<u>己欲立而立人，己欲达而达人。</u>能近取譬，可谓仁之方也已。

——《论语·雍也》

子贡问：“如果有人能广泛地给百姓好处，还能帮助大家生活得很好，这个人怎么样呢？能说他有仁德吗？”

孔子回答说：“这怎么会只是仁德，这一定是圣德！尧和舜都难以做到这样！一个仁德的人，自己想成功，也帮别人成功；自己想腾达，也帮助别人腾达。凡事能够推己及人，替别人着想，这就是实践仁德的方法了。”

jǐ yù lì ér lì rén

己欲立 而立人，

自己 ┆ 想要 ┆ 成功 ┆ 也让别人成功；

哥们儿想发财！

也帮助一下父老乡亲。

谢谢啊！

立人：使人站立，把摔倒的人扶起来。

jǐ yù dá ér dá rén

己欲达 而达人。

自己 ⋮ 想飞黄腾达 ⋮ 也要帮助别人腾达。

达人：使人腾达。

要学会换位思考，推己及人，有同理心。

057

放于利而行，多怨。

——《论语·里仁》

孔子说：“如果做事情只考虑利益，就会产生很多怨恨。”

fǎng yú lì ér xíng duō yuàn

放于利而行，多怨。

依据 利益去做事， 会产生很多 怨恨。

放（fǎng）：依据。

做事情不要只考虑既得利益。

058

视其所以，观其所由，

察其所安，

人焉廋(sōu)哉？人焉廋哉？

——《论语·为政》

孔子说：“看一个人的所作所为，观察他一贯的经历，考察他的秉性习惯，这个人怎么隐藏得了呢？这个人怎么隐藏得了呢？”

视其所以，
shì qí suǒ yǐ

看一个人的 所作所为，

以：作为，行动。

guān　qí　suǒ　yóu

观其所由，

观察他的一贯经历，

由：经由，经历。

chá qí suǒ ān

察其所安……

了解他的 秉性习惯……

安：习。

看一个人为人如何，看他做了什么，为什么做就好了。

059

君子成人之美，
不成人之恶；
小人反是。

——《论语·颜渊》

经典名句

孔子说：“君子总是想办法成全别人的好事，不会去促成别人的坏事；小人恰恰与此相反。”

jūn zǐ chéng rén zhī měi

君子成人之美，

君子总是想办法成全别人的好事，

bù chéng rén zhī è

不成人之恶；

不会去促成别人的坏事；

xiǎo rén fǎn shì

小人反是。

小人 ⋮ 恰恰与此相反。

060

邦有道，不废；

邦无道，免于刑戮。

——《论语·公冶长》

孔子评价南容，说：“在国家政治环境好的时候能够有所作为，不会被弃用；在国家政治环境混乱的时候，能保全自己，免于刑罚。”

bāng yǒu dào bù fèi

邦有道，不废；

国家 政治清明的时候， 不被弃用；

邦：指国家。

bāng wú dào　miǎn yú xíng lù

邦无道，免于刑戮。

国家政治环境混乱的时候，能免于刑罚。

能保全自己也是一种智慧。

061

巧言令色，鲜矣仁！

——《论语·学而》

孔子说：“说话花言巧语、伪装出和善面貌的人，很少有仁爱之心。”

qiǎo yán lìng sè xiǎn yǐ rén

巧言令色，鲜矣仁！

花言巧语、伪装出和善的脸色，（这种人）很少有仁爱之心。

巧言令色：说讨人喜欢的话，装出和善的脸色。

鲜：少。

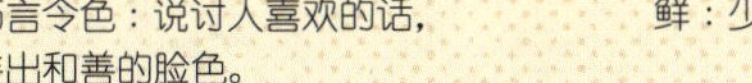

说话好听、满脸笑容的人，不一定是好人。

062

岁寒，

然后知松柏之后凋也！

——《论语·子罕》

孔子说："寒冷的季节到了，才能知道松柏是最后落叶的。"

suì hán

岁寒，

天冷了，

rán hòu zhī sōng bǎi zhī hòu diāo yě

然后知松柏之后凋也！

才能 知道松柏是 最后落叶的！

凋：凋零。

做人要像松柏一样，志向坚定，
受得了苦难，才能实现梦想。

063

三人行，必有我师焉。
择其善者而从之，
其不善者而改之。

——《论语·述而》

孔子说："几个人同行，其中一定有我可以学习的人。选取他的优点去学习，了解他的缺点自己注意改正。"

sān rén xíng　bì yǒu wǒ shī yān

三人行，必有我师焉。

几个人┊同行，　一定有┊我可以学习的人。

三人：不一定真的是三个人，
也可以理解为几个人。

zé qí shàn zhě ér cóng zhī

择其善者 而从之，

选择他的优点 去学习，

善者：好的方面，优点。

qí bù shàn zhě　ér gǎi zhī

其不善者　而改之。

了解他身上的缺点　自己就要注意改正。

要向身边的人学习，并将他人缺点引以为戒。

第四单元

跟着孔子学做事

064

仕而优则学，
学而优则仕。

——《论语·子张》

子夏说：“做官的时候，把事情做好了还有余力，就去学习提高自己；求学的时候，如果学好了还有剩余的精力，就去当官。”

shì ér yōu zé xué
仕而优 则学，

当好了官还有余力 就去学习。

优：饶，余。

xué ér yōu zé shì

学而优 则仕。

学好了习还有余力 就去当官。

065

日月逝矣，岁不我与。

——《论语·阳货》

阳货说：“时光流逝，岁月不等人呀。”

rì yuè shì yǐ　　suì bù wǒ yǔ

日月逝矣，岁不我与。

时光流逝，岁月不等人呀。

066

信近于义，言可复也。恭近于礼，远耻辱也。因不失其亲，亦可宗也。

——《论语·学而》

有子说：“说出口的诺言如果符合道义，这样的诺言就能去实践。态度谦恭的同时如果符合礼节，这样就不会遭受侮辱。依靠的人中不缺少关系亲近的人，那么也就可靠了。”

xìn jìn yú yì, yán kě fù yě

信近于义，言可复也。

诺言 符合道义，这样的诺言就可以实践。

复：因循，实践。

gōng jìn yú lǐ， yuǎn chǐ rǔ yě
恭近于礼，远耻辱也。

态度谦恭 符合礼节， 就能避开 侮辱。

远：使远离，也可以翻译成避免。

yīn bù shī qí qīn yì kě zōng yě

因不失其亲，亦可宗也。

依靠的人中 不缺少亲近的人，也就 可靠了。

因：依靠，凭借。

可宗：可靠。宗：尊重，推崇而效法。

067

民之于仁也，甚于水火。水火，吾见蹈而死者矣，未见蹈仁而死者也。

——《论语·卫灵公》

孔子说：“老百姓对于仁德的需要，超过了他们对于赖以生存的水和火的需要。但是水和火也不是只有好处没有坏处，我见过跳到水里淹死的人、跳到火里烧死的人。仁德比水火要强，但我没见过因为实行仁德而死的人。”

mín zhī yú rén yě shèn yú shuǐ huǒ

民之于仁也，甚于水火。

民众 对于仁的需要，超过了 对于水和火的需要。

对管理者来说，仁政很重要。

068

道之以政，齐之以刑，

民免而无耻；

道之以德，齐之以礼，

有耻且格。

——《论语·为政》

孔子说：“用政令来训导百姓，用刑罚来整饬百姓，百姓虽然会尽量不犯法，但是不会感到犯法是可耻的；用道德来引导百姓，用礼教来整饬百姓，百姓不仅会有廉耻之心，还会服从管理。”

dǎo zhī yǐ zhèng　　qí zhī yǐ xíng

道之以政，齐之以刑，

用政令训导百姓，　　用刑罚整饬百姓，

道：同“导”，引导。　　齐：整饬。

mín miǎn ér wú chǐ

民免而无耻；

百姓尽量避免犯法 ┊ 但 ┊ 没有廉耻之心；

免：逃避。

dǎo zhī yǐ dé　qí zhī yǐ lǐ

道之以德，齐之以礼，

用道德引导百姓，用礼教整饬百姓，

要尊老爱幼！

yǒu chǐ qiě gé
有耻 且格。

百姓不仅有羞耻心， 还会服从管理。

格：至，来。

道德对我们来说非常重要。

069

其身正，不令而行；
其身不正，虽令不从。

——《论语·子路》

孔子说："管理者如果自身行为端正，不用下命令，百姓就会遵行他的话；管理者如果本身行为不端正，就算是下了命令，百姓也不会听从。"

qí shēn zhèng, bù lìng ér xíng;

其身正，不令而行；

管理者｜行为端正，不用发布命令，百姓就会遵行；

qí shēn bù zhèng suī lìng bù cóng

其身不正，虽令不从。

管理者行为不端正，就算发布命令百姓也不会听从。

管理者要以身作则。

070

子行三军，则谁与？

暴虎冯河，死而无悔者，吾不与也。必也临事而惧，好谋而成者也。

——《论语·述而》

子路说："如果让您率领三军，您愿找谁共事呢？"

孔子说："赤手空拳和老虎搏斗、徒步涉水过大河，即使这样死了也不后悔的人，我是不会与他共事的。我所共事的人，一定是遇事时谨慎小心，善于谋划而且能取得成功的人。"

bào hǔ píng hé

暴虎冯河，

空手打虎、徒步过河，

暴：徒手搏斗。

冯河：徒步涉水过河。

sǐ ér wú huǐ zhě　wú bù yǔ yě

死而无悔者，吾不与也。

虽死了｜也不会后悔的人，　我不｜与他共事。

bì yě lín shì ér jù

必也临事而惧，

（我所共事的人）一定是 遇事 谨慎小心，

hào móu ér chéng zhě yě

好谋而成者也。

善于谋划 ┊ 且 ┊ 能取得成功的人。

不要做有勇无谋之人，要做有勇有谋之人。

071

君子坦荡荡，
小人长戚戚。

——《论语·述而》

孔子说：“君子心胸宽阔，小人心胸狭隘、长怀忧愁烦恼。”

jūn zǐ tǎn dàng dàng

君子 坦荡荡，

君子 …… 心胸宽广，

xiǎo rén cháng qī qī

小人长戚戚。

小人……长怀忧怨。

要做一个心胸宽广的人。

072

人之过也，各于其党。观过，斯知仁矣。

——《论语·里仁》

孔子说：“人会犯各种各样的错误。观察一个人所犯的错误，就可以知道他的为人了。”

rén zhī guò yě　　gè yú qí dǎng

人之过也，各于其党。

人犯的错误，各种各样。

党：类。

观过，斯知仁矣。

guān guò sī zhī rén yǐ

观察一个人犯的错，就可以知道他是什么人了。

斯：则，就。
仁：通“人”。

看一个人犯的错，就知道这个人的为人怎么样了。

073

事君数，斯辱矣；

朋友数，斯疏矣。

——《论语·里仁》

子游说：“给君主进谏过于频繁，就会遭受侮辱；与朋友交往过于频繁，就会被疏远。”

shì jūn shuò, sī rǔ yǐ

事君数，斯辱矣；

进谏君主 过于频繁，就会 遭受侮辱。

数：频繁。

péng yǒu shuò sī shū yǐ

朋友数，斯疏矣。

与朋友交往 ⋮ 过于频繁， 就会 ⋮ 被疏远。

074

道不同，不相为谋。

——《论语·卫灵公》

孔子说：“坚持的原则和主张不一样的人，就不要在一起谋事了。”

dào bù tóng　　bù xiāng wéi móu

道不同，不相为谋。

原则主张不同，不能在一起谋划事情。

075

工欲善其事，必先利其器。居是邦也，事其大夫之贤者，友其士之仁者。

——《论语·卫灵公》

孔子说：“工匠想搞好自己的工作，一定要先把工具打磨锋利。住在这个国家，就要敬奉大夫中贤德的人，结交士人中有仁德的人。”

gōng yù shàn qí shì bì xiān lì qí qì

工欲善其事，必先利其器。

工匠 想 搞好工作， 一定要 先 打磨锋利他的工具。

善：完成。

想做好一件事情，准备工作非常重要。

076

不逆诈，不亿不信，抑亦先觉者，是贤乎！

——《论语·宪问》

孔子说：“不预先揣度别人在骗他，也不毫无根据地猜测别人不讲信用，但是面对欺诈或者不诚信时能及时察觉，这样的人才是贤者啊！”

bù nì zhà bù yì bù xìn

不逆诈，不亿不信，

不预先怀疑别人骗他，也不臆测别人不诚信，

逆：预先揣度。

亿：通“臆”，臆测。

yì yì xiān jué zhě shì xián hū

抑亦 先觉者，是贤乎！

却能 及早发觉欺诈与不诚实， 这样的人 是贤者啊！

077

宁武子，

邦有道，则知；

邦无道，则愚。

其知可及也，

其愚不可及也。

——《论语·公冶长》

孔子说：“宁武子这个人，在国家政治清明的时候，就能展示自己的聪明才智；当国家政治混乱的时候，就装糊涂保全自己。他的聪明，别人是可以做得到的，但是他的装糊涂，别人是做不到的。”

bāng yǒu dào zé zhì

邦有道，则知；

国家 | 政治清明，就 | 展示才智；

知：同“智”。

bāng wú dào, zé yú

邦无道，则愚。

国家 政治混乱时， 就 装糊涂。

078

唯女子与小人难养也，近之则不孙，远之则怨。

——《论语·阳货》

孔子说：“只有女子和小人是不容易相处的，亲近他们，他们就会不恭顺，对你无礼；疏远他们，他们就会埋怨你不近人情。”

wéi nǚ zǐ yǔ xiǎo rén nán yǎng yě

唯女子 与 小人 难养也，

只有女子 和 小人 是难以相处的，

jìn zhī zé bù xùn
近之 则不孙，

亲近他们，他们就会无礼，

孙：“逊”的古体字，意思是恭敬。

yuǎn zhī zé yuàn

远之 则怨。

疏远他们， 他们就会有怨气。

这可能是孔子在特定情况下的吐槽，
并不代表他对女性有意见。

079

里仁为美，择不处仁，焉得知？

——《论语·里仁》

孔子说：“和仁德的人住在一起才好，和没有仁德的人住在一起，怎么能说是明智的呢？”

lǐ rén wéi měi

里仁为美，

和仁德的人住一起，为好。

里：居处。

zé bù chǔ rén, yān dé zhì
择不处仁，焉得知？

选择不和仁德的人住在一起，怎么能说是明智呢？

知：同“智”，明智。

近朱者赤，近墨者黑，
强调外部环境对人的重要影响。

080

人而无信，不知其可也。大车无輗，小车无軏，其何以行之哉？

——《论语·为政》

孔子说：“一个人如果不讲信用，那怎么能行呢？就像大车子没有安横木的輗，小车子没有安横木的軏，缺少关键的零件，怎么能行驶呢？”

rén ér wú xìn　bù zhī qí kě yě

人而无信，不知其可也。

一个人如果｜没有诚信，　不知道｜那怎么能行得通。

而：若。

信：信誉。

dà chē wú ní xiǎo chē wú yuè

大车无輗，小车无軏，

就像大车没有輗，小车没有軏，

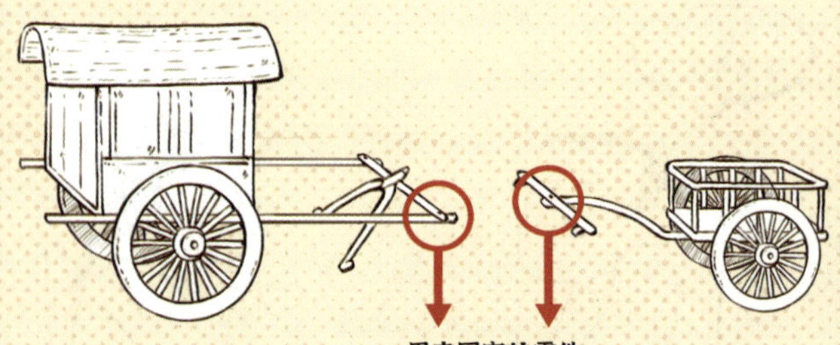

輗：车辕和驾辕的横木相接的活销。

軏：车辕前端与车横衔接的关键。

qí　hé　yǐ　xíng　zhī　zāi

其何以行之哉？

怎么能　　行驶呢？

做人要言而有信。

081

君子贞而不谅。

——《论语·卫灵公》

孔子说："君子要讲诚信，但不拘泥于守小信。"

jūn zǐ zhēn ér bù liàng

君子贞而不谅。

君子讲诚信 | 而不拘泥于坚守小信。

贞：信。

谅：指不分是非而守信。

在坚持原则的前提下，做事要能灵活变通。

082

可与共学，未可与适道；
可与适道，未可与立；
可与立，未可与权。

——《论语·子罕》

孔子说：“可以和他一起学习，不一定能和他一样学到道；可以和他一起达到道的要求，不一定像他一样坚守道；可以像他一样坚守道，不一定能像他一样随机应变。”

kě yǔ gòng xué　wèi kě yǔ shì dào

可与共学，未可与适道；

可以｜和他一起学习，　不一定能｜和他一样学到道；

适：到……去。

kě yǔ shì dào wèi kě yǔ lì

可与适道，未可与立；

可以和他一起达到道的要求，不一定能和他一样坚守道；

kě yǔ lì wèi kě yǔ quán

可与立，未可与权。

可以像他一样坚守道，不一定能（像他）一样随机应变。

画帅一点儿!

做事情要懂得灵活变通。

逝者如斯夫！不舍昼夜。

——《论语·子罕》

孔子站在河边感叹道：“消逝的时间像流水一样啊！日夜不停地流去。”

shì zhě rú sī fú bù shě zhòu yè

逝者如斯夫！不舍昼夜。

消逝的时间像这流水一样啊！ 日夜不停地流去。

我们要珍惜时间。

084

君子喻于义，
小人喻于利。

——《论语·里仁》

孔子说：“君子懂得的是大义，小人懂得的是眼前利益。”

jūn zǐ yù yú yì
君子 喻于义，

君子 ： 懂得的是大义，

xiǎo rén yù yú lì
小人 喻于利。

小人 ： 懂得的是利益。

喻：知道，明白。

085

人无远虑，必有近忧。

——《论语·卫灵公》

孔子说：“人如果不做长远的考虑，那么忧患一定会在近期出现。”

rén wú yuǎn lǜ bì yǒu jìn yōu

人无远虑，必有近忧。

人 如果不做长远的考虑，一定会有 眼前的忧患。

086

近者说，远者来。

——《论语 · 子路》

孔子说：“让近处的人感到快乐，让远处的人听说了之后来投奔。”

jìn zhě yuè yuǎn zhě lái
近者说，远者来。

使近处的人 ┊ 快乐， 使远处的人 ┊ 来投奔。

说：“悦”的古体字，使……快乐。

087

饭疏食，饮水，曲肱而枕之，乐亦在其中矣！不义而富且贵，于我如浮云。

——《论语·述而》

孔子说：“吃粗粮，喝冷水，弯着胳膊当枕头，其中也有乐趣！通过干不正当的事得来的富贵，对我来说就像浮云一样。”

fàn shū shí yǐn shuǐ qū gōng ér zhěn zhī

饭疏食，饮水，曲肱而枕之，

吃粗粮， 喝冷水， 弯着胳膊 当枕头，

lè yì zài qí zhōng yǐ

乐亦在其中矣！

快乐 也 在其中！

bù yì ér fù qiě guì

不义而富且贵，

做不正当的事情得来的富贵，

yú wǒ rú fú yún

于我如浮云。

对我来说 | 就像浮云一样。

不要追求不义之财。

088

辞达而已矣。

——《论语·卫灵公》

孔子说：“言辞不需要多华丽，能够表达出自己的意思就行了。”

cí dá ér yǐ yǐ

辞达而已矣。

言辞能表达意思，就可以了。

说话不要浮夸，要能明确地表达意思。

089

毋意，毋必，毋固，毋我。

——《论语·子罕》

孔子坚决不犯四种错：凭空揣测，毫无变通，拘泥固执，自以为是。

285

wú yì wú bì

毋意，毋必，

不凭空揣测，不毫无变通，

鬼鬼祟祟的，
干啥呢？

偷吃！

意：通“臆”，凭空揣测。

必：必须如此，不知变通。

wú gù, wú wǒ
毋固，毋我，

不拘泥固执，不自以为是。

固：拘泥固执。我：自以为是。

在陈绝粮，从者病，莫能兴。

君子亦有穷乎？

君子固穷，小人穷斯滥矣。

——《论语·卫灵公》

孔子在陈国没有粮食吃，跟随他的人都饿坏了，躺着爬不起来。

子路生气地来见孔子，说：“君子也有穷困到没有办法的时候吗？”

孔子回答说：“君子穷困的时候还能坚守正道，小人穷到没办法就会胡作非为了。”

jūn　zǐ　gù　qióng

君子固穷，

君子穷困的时候，还能坚守正道，

xiǎo rén　qióng　sī　làn　yǐ

小人穷斯滥矣。

小人，穷困到没办法，就会胡作非为了。

固穷：“固”是说安守；“固穷”是指安贫乐道的状态。

091

三军可夺帅也，
匹夫不可夺志也。

——《论语 · 子罕》

孔子说：“人数众多的军队可以失去主帅，但一个普通人不可以被强迫改变自己的志向。”

sān jūn kě duó shuài yě
三军 可夺帅也，

人数众多的军队　可以　失去主帅，

三军：军队。

夺：失去。

pǐ fū bù kě duó zhì yě

匹夫 不可夺志也。

一个普通人 却不能被强迫改变志向。

匹夫：普通人，泛指平民百姓。

一个人能不能坚守自己的志向，全靠自己。

092 季康子问政于孔子。

政者，正也。

子帅以正，孰敢不正？

——《论语·颜渊》

季康子向孔子询问国政的事。孔子回答道：“‘政’字的意思就是端正。您自己带头做到行为端正，谁还敢行为不端正呢？”

zǐ shuài yǐ zhèng shú gǎn bù zhèng

子帅以正，孰敢不正？

您 ┆ 带头做到 ┆ 端正， 谁还敢 ┆ 不端正？

帅：通“率”，率先、率领。

带头人要起到表率作用。

093 季康子患盗，问于孔子。

苟子之不欲，
虽赏之不窃。

——《论语·颜渊》

季康子因为盗窃事件太多而苦恼，于是向孔子求教。孔子对他说："如果您以身作则，不贪求财物，在您的影响下，就是奖励他们去偷盗，他们也不会干。"

gǒu zǐ zhī bù yù

苟子之不欲，

如果　您不贪求财物，

suī shǎng zhī bù qiè
虽赏之不窃。

就算　奖励他们偷盗，　他们也不干。

带头人要以身作则，廉洁自律。

094 季康子问政于孔子曰："如杀无道以就有道，何如？"

孔子对曰

子为政，焉用杀？
子欲善而民善矣！
君子之德，风；小人之德，草；草上之风，必偃。

——《论语·颜渊》

经典名句

季康子向孔子请教政治上的事，说："如果通过杀掉坏人来亲近好人，怎么样呢？"

孔子回答说："您治理国家，为什么要用杀戮的方法呢？您喜欢从善，百姓也就喜欢从善了。君子的道德就像风，小人的道德就像草；风向哪边吹，草就向哪边倒。"

jūn zǐ zhī dé fēng
君子之德，风；

君子：的道德就像风；

xiǎo rén zhī dé cǎo
小人之德，草；

小人：的道德就像草；

cǎo shàng zhī fēng, bì yǎn
草上之风，必偃。

草受到风，一定会随风倒。

偃：倒下。比喻被折服、被感化。

为政者要以道德感化百姓。

095

躬自厚而薄责于人，

则远怨矣！

——《论语 · 卫灵公》

孔子说："对自己要求严格而宽容地要求别人，就会远离怨恨了！"

gōng zì hòu ér bó zé yú rén

躬自厚 而 薄责于人，

对自己严格要求 | 并且 | 宽容地要求别人，

怪我走路
玩手机！

不怪你！

躬自：亲自。

zé yuǎn yuàn yǐ
则远怨矣！

就会 远离 怨恨了！

遇到问题，要先从自身找原因，
不要先去责备别人。

096

学而时习之，不亦说乎？有朋自远方来，不亦乐乎？人不知而不愠，不亦君子乎？

——《论语·学而》

孔子说："学到东西，按时去复习，不也是很高兴的吗？有朋友从很远的地方来相见，不也是很快乐的吗？人家不了解我，我却一点儿也不生气，不也是一位有修养的君子吗？"

xué ér shí xí zhī　bù yì yuè hū

学而时习之，不亦说乎？

学了然后按时去复习，不也很高兴吗？

习：温习。

说：同“悦”，高兴、愉快的意思。

yǒu péng zì yuǎn fāng lái bù yì lè hū

有朋自远方来，不亦乐乎？

有朋友 从远方来相见，不也 很快乐吗？

rén bù zhī ér bù yùn

人不知而不愠，

别人 不了解我 而 我不恼怒，

bù yì jūn zǐ hū

不亦君子乎？

不也是 君子吗？

愠：怨恨，恼怒。

097

不怨天，不尤人。

——《论语·宪问》

孔子说：“不埋怨天，不责备人。”

bù yuàn tiān, bù yóu rén
不怨天，不尤人。

不埋怨上天，不责备他人。

尤：归咎，责怪。

098

朝闻道，夕死可矣。

——《论语·里仁》

孔子说：“早上明白了真理，就算当晚去世也可以没有遗憾了。”

zhāo wén dào xī sǐ kě yǐ

朝闻道，夕死可矣。

早上 懂得了真理，当晚 死去 都可以。

道：这里指真理。

道是孔子一生的追求，
也应该是每个读书人的终极目标。

099

默而识之，学而不厌，诲人不倦，何有于我哉？

——《论语·述而》

孔子说：“（把知识）默默地记在心里，努力学习而从不感到厌烦，教导别人而不会感到疲倦，除了这些我还做了些什么呢？”

mò ér zhì zhī　xué ér bù yàn

默而识之，学而不厌，

默默地 记住所见所闻，　学习 而从不感到厌烦，

识：记住。

huì rén bù juàn hé yǒu yú wǒ zāi

诲人不倦，何有于我哉？

教导别人不感到疲倦，除了这些我还做了些什么呢？

诲：教导。

倦：倦怠，厌烦。

100

吾十有五而志于学，
三十而立，四十而不惑，
五十而知天命，
六十而耳顺，
七十而从心所欲，不逾矩。

——《论语·为政》

初中必背

孔子说：“我十五岁立下志向要好好学习；三十岁有所成就；四十岁时不再感到困惑；五十岁，乐天知命；六十岁时，听得进不同意见；到了七十岁便随心所欲地行事，但是不会越出法度。”

wú shí yòu wǔ　ér zhì yú xué

吾十有五　而志于学，

我十五岁　立下志向要学习，

有：通“又”，用于整数和零数之间。

sān shí ér lì

三十 而立，

三十岁 | 有所成就，

立：有所成就。

sì shí ér bù huò

四十 而不惑，

四十岁 不再感到困惑，

别想骗我！

我知道你是王子！

wǔ shí ér zhī tiān mìng

五十 而知天命，

五十岁 乐天知命，

liù shí ér ěr shùn

六十 而耳顺，

六十岁 | 听得进不同意见，

耳顺：听得进各种不同的意见。
耳顺的解释很多，此处暂作此解。

qī shí ér cóng xīn suǒ yù bù yú jǔ

七十而从心所欲，不逾矩。

七十岁 能随心所欲地行事，而又不逾越法度。

矩：法度。

混知

混知 | 专治不明白！
HUNZHI

漫画